PESTLE-АНАЛІЗ

Розуміти та планувати своє бізнес-середовище

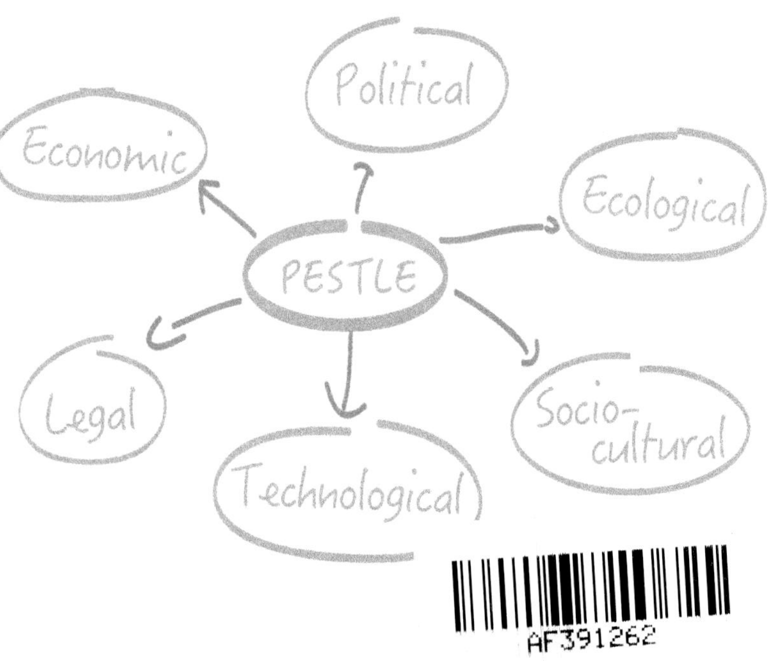

PESTLE-АНАЛІЗ

Розуміти та планувати своє бізнес-середовище

написаний Thomas del Marmol
перекладено Yaroslav Melnik

PESTLE-АНАЛІЗ

КЛЮЧОВА ІНФОРМАЦІЯ

- **Імена:** PESTLE-аналіз, PESTEL-аналіз, структура PESTLE.

- **Користь:** PESTLE-аналіз дозволяє керівнику визначити ключові макроекономічні фактори, які можуть мати вплив на майбутній розвиток бізнесу.

- **Чому це успішно?** Визначення майбутніх макроекономічних змінних, які можуть становити інтерес, та побудова різних сценаріїв дозволяють керівнику краще передбачити стратегічні рішення, необхідні для забезпечення належного розвитку та стійкості бізнесу.

- **Ключові слова:**

  - <u>Конкурентна перевага</u> – актив, який дозволяє організації позитивно виділятися і випереджати своїх конкурентів у певному секторі.

  - <u>Конкурентна стратегія</u>: методологія, що реалізується з метою максимізації успіху бізнесу за рахунок інновацій та більших переваг, ніж у конкурентів.

  - <u>Економічна ситуація</u> – загальне становище суб'єкта господарювання, що визначається всіма його політичними, економічними та соціальними елементами.

  - <u>Поворотна змінна</u>: елемент, що має вирішальне значення, який може суттєво вплинути на розвиток компанії.

- Сценарій: ймовірний теоретичний прогноз на найближче або віддалене майбутнє.

КОМПАНІЯ ТА ЇЇ ОТОЧЕННЯ

Характеризуючись постійно мінливим середовищем, наше сучасне суспільство багато в чому відрізняється від того, яким воно було раніше. Адаптація до мінливого та конкурентного середовища стала необхідністю для будь-якого керівника, який хоче утримати свій бізнес на плаву та сприяти його процвітанню в найближчі роки. Навколишнє середовище (макроекономічний вимір) фактично виявилося джерелом як можливостей, так і загроз для будь-якої компанії на ринку, незалежно від її галузі чи сектору.

Тому підтверджене передбачення лямбда-макроекономічного явища незабаром забезпечить пряму конкурентну перевагу для менеджера, якщо це дозволить йому ефективно відреагувати раніше за своїх конкурентів. З іншого боку, якщо менеджер недооцінює знакову подію на ринку, він швидко опиниться в ситуації боротьби з конкурентами, чиї прогнози є більш повними, оскільки йому доведеться зіткнутися з їх конкурентними та агресивними стратегіями. Наприклад, компаніям, які вчасно не спрогнозували поширення і можливості, що надає Інтернет, довелося несолодко на рубежі тисячоліть.

Оскільки здатність передбачати певні майбутні події здається запорукою успіху, гарного розвитку і навіть, в деяких випадках, виживання компанії, завжди знаходяться люди, які після зміни зовнішнього середовища стверджують, що показники все одно неминуче рухалися в цьому напрямку.

Проте передбачити ці показники далеко не просто, і ніхто не має кришталевої кулі для передбачення майбутнього.

Саме в цьому контексті невизначеності з'явився PESTLE-аналіз, метою якого є визначення та аналіз макроекономічних змінних, що мають відношення до організації в конкретному середовищі.

ВИЗНАЧЕННЯ МОДЕЛІ

Аналіз отримав назву PESTLE за абревіатурою, утвореною з ініціалів шести категорій макроекономічних змінних, включених до моделі (політичні, економічні, соціокультурні, технологічні, правові та екологічні). По-перше, модель дозволяє менеджерам визначити макроекономічні змінні, які необхідно враховувати для розвитку бізнесу (можливості проти потенційних ризиків), ймовірність яких все ще є відносно невизначеною. Потім модель може допомогти менеджеру почати концептуалізацію різних сценаріїв, заснованих на цих невизначених змінних, щоб краще передбачити, що може статися, і прийняти правильні рішення зараз на майбутнє.

 ## ЩО ТАКЕ МАКРОСЕРЕДОВИЩЕ?

Навколишнє середовище організації можна розділити на три окремі шари:

- конкурентів та ринку;

- промисловість (тобто корпоративний сектор);

– макросередовище, рівень найвищого рівня, який складається з широких факторів зовнішнього середовища, що впливають в більшій чи меншій мірі майже на всі організації. (Джонсон та ін., 2008).

ТЕОРІЯ

КОНТЕКСТ І КОНЦЕПЦІЯ

Походження PESTLE-аналізу залишається відносно незрозумілим. Однак деякі автори сходяться на думці, що перші сліди його появи можна знайти в книзі Френсіса Агілара «Сканування *бізнес-середовища*» (1967 р.). На той час модель отримала назву PEST-аналіз, що відповідає вихідним категоріям макроекономічних змінних: політичні, економічні, соціокультурні та технологічні.

Вона була використана та вдосконалена протягом 1970-х та 1980-х років кількома відомими авторами: Ліам Фейхі (директор консалтингової організації Leadership Forum Inc. і професор менеджменту в Бостонському коледжі), Вадаке К. Нараянан (професор менеджменту в Дрексельському університеті) і Арнольд Браун (менеджер консалтингових проектів), і це лише деякі з них. З цих різних робіт з'явилися різні розширення початкової моделі під назвами PEST, SLEPT або STEEPLE аналізу. Зрештою, додаткові змінні «правові» та «екологічні» були збережені, в результаті чого з'явилася модель PESTLE, яка є найбільш широко прийнятою на сьогоднішній день. Однак, слід зазначити, що деякі вважають за краще об'єднувати «політичні» та «правові» аспекти під єдиним терміном «політико-правові», створюючи абревіатуру PESTE.

Колекція змінних

Оскільки це популярна і регулярно використовувана модель, як для завершення бізнес-планів, виробничих або маркетингових стратегій, так і для запуску нових проектів (наприклад, при розробці нового продукту на ринку, на який компанія ще не виходила), підхід повинен бути специфічним.

Основною метою PESTLE-аналізу є виявлення неминучих макроекономічних змін, які можуть мати значний вплив на розвиток компанії (з точки зору її продукції, бренду або навіть всієї організації). Таким чином, мова не йде про проведення всебічного дослідження зовнішнього середовища: поглиблений аналіз макроекономічних змінних є актуальним лише по відношенню до конкретної компанії, щоб вона могла передбачити зміни, які, ймовірно, відбудуться в її масштабах.

Дійсно, з усіх макроекономічних подій, які відбуватимуться в найближчі роки, лише деякі з них матимуть реальний вплив на еволюцію компанії. Тому менеджер зобов'язаний розрізняти змінні, які можуть прямо або опосередковано вплинути на організацію, і ті, які матимуть лише незначний вплив на її стійкість. Таким чином, керівник на чолі нафтової компанії не буде реагувати на нещодавні відкриття про внесок сланцевого газу так само, як керівник судноплавної компанії або власник магазину бутербродів!

Макроекономічні змінні класифікуються за шістьма різними, хоча і відносно взаємозалежними, категоріями.

Рис. 2 – 6 змінних PESTLE-аналізу

- **Політичні змінні.** Політичні тенденції в країні (тиск уряду, монетарна політика тощо) суттєво впливають на компанію, яка вирішує розміститися в ній: сформовані органи державної влади приймають все більше рішень, які можуть мати безпосередній вплив на повсякденну діяльність та перспективи компанії як у фінансовому (умовний відсоток тощо), так і в соціальному (допомога у працевлаштуванні, субсидії тощо) аспектах. Інші елементи, такі як конфліктність, рівень корупції або ступінь державного втручання, також повинні бути розглянуті. Крім того, підприємець, який відкриває комерційний бізнес в країні з перманентним урядовим конфліктом, повинен переконатися, що він відповідає потребам корінних жителів, які будуть відрізнятися від тих, що живуть в країні зі стабільністю і миром. Також зазначимо, що існують такі органи, як Європейська комісія та Світова організація торгівлі (СОТ), які регулюють політику міжнародної торгівлі.

- **Економічні змінні.** Хоча компанія практично не може змінити економічну ситуацію, вона, безумовно, може підготуватися до того, щоб краще справлятися з її коливаннями. Спостереження за динамікою ВВП країни, податковими ставками та зростанням купівельної спроможності населення буде мати вирішальне значення для володіння всіма факторами, необхідними для прийняття управлінських рішень. Економічний успіх бізнесу також передбачає спостереження за ключовими показниками, що стосуються галузі, та аналіз споживчих тенденцій. Так, передбачення значного зниження купівельної спроможності дозволяє компанії адаптувати свою загальну стратегію з метою мінімізації втрат.

- **Соціокультурні змінні.** Знання характеристик населення (демографічних показників, вікового розподілу тощо) для розуміння його купівельної поведінки є важливим для завоювання ринку. Крім того, історія (коріння і традиції), а також релігійні та соціокультурні впливи (мода, засоби масової інформації, засоби комунікації тощо) дозволяють компанії вдосконалити аналіз специфічних потреб відповідних осіб. Наприклад, громадяни середземноморських країн мають потреби, які багато в чому відрізняються від потреб їхніх колег з країн Балтії через їхню культуру, клімат, в якому вони живуть, або їхню релігію.

- **Технологічні змінні.** Сьогодні багато експертів зайняті роботою в усіх куточках планети, прагнучи революціонізувати існуючі процеси. У той час як деякі з цих знахідок навряд чи вплинуть на цільовий ринок, інші мають потенціал повністю перевернути норму. Інтернет-революція стала несподіванкою для багатьох менеджерів, а ті, хто очікував її більш широкого використання, отримали значну конкурентну перевагу. Тому цілком природним видається дослідження практик у сфері НДДКР (науково-дослідних і дослідно-конструкторських робіт) та інновацій в обраній галузі (основному бізнесі) компанії. Постійна переоцінка продукту, а також процесів, пов'язаних з його підготовкою та придбанням споживачем, є запорукою успішного технологічного спостереження.

- **Правові змінні. Обізнаність у** нормативних актах (трудове законодавство, торгове законодавство тощо) в країні, де знаходиться або буде знаходитися компанія, оскільки законодавство відрізняється в різних країнах, є сьогодні одним з найкращих способів захистити компанію від можливих юридичних атак і діяти найкращим чином в рамках правових обмежень. Наприклад, правила, що стосуються носіння зброї, не однакові в кожній країні, і будь-який проникливий трейдер, який бажає працювати в цьому секторі, швидко адаптує свою комунікацію і дистрибуцію відповідно до законодавства, що діє у відповідній країні. Податкові пільги також можуть спонукати добре поінформованого менеджера схилятися до одних країн, а не до інших.

- **Екологічні змінні.** 21 століття є продовженням [20-го], ставлячи навколишнє середовище та сталий розвиток в центр дебатів як ніколи раніше. Тривожні зміни клімату, постійно зростаюче забруднення, сортування відходів, яке варіюється від країни до країни, і т.д.: сьогодні ці аспекти цікавлять і турбують все більше і більше людей і тих, хто їх очолює. Ця стурбованість іноді має прямий вплив на комерційний світ. Контроль за використанням енергії або рівнем забруднення є двома прикладами багатьох заходів, що вживаються регіональними, національними та/або міжнародними органами влади. Вони можуть впливати на хід діяльності організації. При цьому створюються нові ринки: наприклад, у випадку з органічними продуктами.

У наведеній нижче таблиці наведено зведену інформацію про основні макроекономічні змінні для кожної визначеної категорії. Цей невичерпний перелік має бути доповнений відповідно до корпоративного сектору та конкретних країн кожної компанії.

Визначення ключових змінних

Основна складність цієї вправи полягає у визначенні релевантних змінних по відношенню до конкретної компанії. Ризик полягає в тому, що якщо сортування не буде зроблено належним чином, то в кінцевому підсумку можна отримати стільки інформації, що неможливо буде приділити належну увагу кожній з них, а отже, проґавити можливості або неминучі загрози. Тому дуже важливо визначити ключові змінні для того, щоб краще зрозуміти, які саме події будуть мати вирішальне значення для компанії в майбутньому.

Ключові змінні – це «фактори, які можуть суттєво вплинути на структуру галузі або ринку» (Johnson et al, 2008: 64). Ці змінні, відповідно, відрізняються залежно від типу галузі та ринку – хоча дехто стверджує, що всі компанії стикаються з однаковими загрозами, оскільки глобалізація ринків продовжує зростати, а органи, що регулюють міжнародну торгівлю, постійно створюються. Більше того, вони змінюються з плином часу, що призводить до постійних сумнівів щодо використовуваних даних. Будь то на рівні споживчих смаків або економічної ситуації, робота в нестабільному середовищі змушує менеджера регулярно консультуватися або запитувати маркетингові дослідження або виходити «в поле», щоб перевірити актуальність цих змінних.

Побудова сценаріїв

Після того, як дані зібрані, ідентифіковані та класифіковані на основі ключових змінних, відповідно до їх ймовірності та потенційного впливу, менеджер повинен побудувати сценарії. Вони представляють собою можливі альтернативи для майбутнього компанії. Наприклад, одна з ключових змінних сектору нерухомості безпосередньо пов'язана зі ставками іпотечного кредитування, що дозволяє фізичним особам здійснювати свої інвестиції. У цьому випадку керівник будівельної компанії буде уявляти собі різні сценарії: один, в якому ставка незначно зростає, другий, в якому вона сильно знижується, третій, в якому вона стагнує, і т.д.

ПЕРЕВАГИ ВИКОРИСТАННЯ МОДЕЛІ PESTLE

Хоча PESTLE-аналіз не претендує на те, щоб передбачити, що чекає на компанію в майбутньому, він, тим не менш, виявляється корисним для ініціювання проактивних і конструктивних дискусій про майбутнє компанії. Правильне використання цього інструменту дозволяє виявити потенційні можливості та загрози для компанії, які можуть швидко перетворитися на значну конкурентну перевагу. Модель PESTLE надає перевагу комплексному погляду, можливості зробити крок назад та певній гнучкості.

Використання сценаріїв є особливо корисним, коли є невелика кількість ключових змінних з високим ступенем невизначеності. Вони можуть призвести до двох кардинально різних майбутніх для компанії, і саме від керівника залежить правильне визначення відповідей на кожен з них і, перш за все, їх потенційний внесок у результати діяльності компанії. Залежно від різних описаних сценаріїв, можна передбачити ідеальні реакції на випадок реалізації будь-якого з них. Також має сенс кількісно оцінити ймовірність реалізації кожного сценарію, щоб заздалегідь підготувати елементи, необхідні для успіху компанії в найбільш ймовірному сценарії.

Після визначення різних сценаріїв керівник та його радники повинні ретельно проаналізувати кожен з них, оцінити ймовірність їх реалізації та безпосередній вплив, який це матиме на компанію.

ПРАКТИЧНЕ ЗАСТОСУВАННЯ

ПОРАДИ ТА РЕКОМЕНДАЦІЇ

Сортування та розвиток інформації

Збір макроекономічних даних іноді передбачає включення інформації, яка не завжди є повністю достовірною. Тому настійно рекомендується, щоб менеджер негайно перевіряв її на достовірність, щоб переконатися, що вона є правильною. При цьому також важливо постійно порівнювати зібрану інформацію з новими ринковими даними.

З огляду на запропоновану вище класифікацію, видається, що багато змінних є взаємозалежними. Дійсно, введення податку на забруднення навколишнього середовища стосується як правових, так і екологічних аспектів. Аналогічно, поява нової технології може вплинути на певні економічні та соціально-культурні аспекти країни. Таким чином, навіть якщо запропонована класифікація є корисною для управлінця, який повинен здійснювати сортування між змінними, вона не повинна застосовуватися систематично в кожній деталі. Насправді, важливість віднесення змінних до тієї чи іншої категорії є відносною: наприклад, витрачати години на те, щоб вирішити, чи відноситься фіскальна політика країни більше до політичних, економічних чи правових категорій, не представляє особливого інтересу. Оскільки це насамперед структурований метод перерахування різних макроекономічних впливів на компанію, реальний виклик полягає у визначенні релевантності цих даних та їх потенційного впливу на організацію. Для полегшення сортування інформації також може бути корисним провести порівняння з минулими подіями, які мали вплив на сектор.

Побудова сценаріїв дає комплексне уявлення про можливі майбутні ситуації, але в жодному разі не повинна бути занадто конкретною: PESTLE-аналіз не намагається диктувати конкретні рекомендації, а скоріше ініціює обговорення можливих стратегічних рішень у разі реалізації ситуації, описаної в одному зі сценаріїв. Як правило, рекомендується обирати парну кількість сценаріїв (два або чотири), щоб уникнути спокуси віддати перевагу проміжному сценарію.

Застосування

Існує багато випадків і ситуацій, коли PESTLE-аналіз є доречним:

- **Запуск нового бізнесу.** Створення бізнес-плану, який необхідний для переконання акціонерів інвестувати в компанію, вимагає використання стратегічних інструментів для демонстрації ретельного аналізу ринку та його споживчої привабливості. У цьому контексті PESTLE-аналіз може довести інвесторам, що макроекономічне середовище є сприятливим для розвитку компанії на ринку, або, якщо це не так, принаймні звернути їхню увагу на те, що компанія усвідомлює змінні ризики та має можливість їх компенсувати.

- **Розробка нових продуктів або запуск нових проектів.** Аналогічно, PESTLE-аналіз дозволяє керівнику оцінити, чи готове середовище прийняти новий продукт на ринку. Рішення про початок нового проекту також може бути предметом детального аналізу.

- **Переоцінка організації компанії.** Вибір, зроблений під час створення компанії, може швидко застаріти в умовах постійної еволюції більшості ринків. Адже смаки населення можуть швидко змінюватися, коливаються економічні умови, з'являються нові технології тощо. Стратегія компанії повинна постійно переоцінюватися, шляхом регулярного оновлення PESTLE-аналізу та інших діагностичних інструментів з урахуванням останніх подій.

- **Процес прийняття рішень щодо маркетингової стратегії.** Знання макроекономічних змінних сектору, особливо на соціокультурному рівні, може мати вирішальне значення для правильної комунікації зі своєю аудиторією. Якими є культурні норми регіону? Яка історія країни? Ці питання допоможуть уникнути дорогих помилок у часі та грошах для компанії, яка хоче, щоб її продукт був прийнятий певною частиною населення.

Екстраполяція

Зібрані змінні будуть інтерпретуватися по-різному в залежності від досвіду та освіти людей, які їх аналізують. Економіст не буде сприймати наслідки зміни уряду так само, як юрист чи соціолог.

Оскільки взаємодія експертів дозволяє оптимально передбачити наслідки нової ідентифікованої змінної, важливо працювати з правильними людьми.

Аналіз сектору

Підготовча робота, проведена з використанням PESTLE-аналізу, допомагає керівнику прийняти відповідні рішення на місцях, ті, які забезпечать стійкість компанії. Вони матимуть прямий та опосередкований вплив на процеси та роботу всіх членів організації.

Таким чином, рішення, прийняті за допомогою PESTLE-аналізу, повинні бути доведені до відома всієї організації, щоб об'єднати команду навколо спільного бачення, яке буде зрозумілим і прийнятим усіма. Підтримка всієї організації є, мабуть, одним з головних ключів до успіху в прийнятті рішень, що випливають з аналізу PESTLE. Буде полегшено виконання рішень, прийнятих щодо повсякденного ділового життя.

ТЕМАТИЧНЕ ДОСЛІДЖЕННЯ

Бельгійська поштова група (bpost)

У 1790 році в Бельгії з'явилося муніципальне поштове відділення. Його діяльність постійно розвивалася, поки воно не перетворилося на публічне акціонерне товариство bpost, яке ми знаємо сьогодні. Хоча реформа 1963 року, яка зобов'язала кожну оселю мати поштову скриньку, дала справжній поштовх для розвитку регулярної пошти, з початку 2000-х років компанія зіткнулася з новими викликами. Поява нових засобів зв'язку та все більш популярне використання Інтернету дещо змінили ситуацію в секторі, де колись домінував папір. Більше того, якщо колись bpost монополізувала ринок поштових послуг, то в 2011 році з'явилася конкуренція, яка знову похитнула звичні для bpost режими роботи.

Саме в цьому нестабільному контексті компанія вирішила запустити в 2013 році нову послугу: «Shop and Deliver" або «bpost by appointment", яка має на меті доставляти покупки додому клієнтам відповідно до замовлень, зроблених заздалегідь на їхньому веб-сайті. Для цього компанія має на меті налагодити партнерські відносини з уже зарекомендували себе на ринку торговцями, щоб задовольнити потреби максимальної кількості людей. Таким чином, Bpost спирається на існуючі довгострокові довірчі відносини зі своїми зацікавленими сторонами: з одного боку, компанія пропонує продавцям середовище, подібне до платформи електронної комерції, що дозволяє їм виходити на людей, які роблять покупки в Інтернеті, а з іншого боку, клієнти пошти Bpost отримують вигоду від послуги доставки своїх покупок додому в робочі дні між 17:00 і 21:00. Вони можуть вибирати свої товари в Інтернеті, обирати місце доставки і часовий інтервал за єдиною ціною 9,95 євро за посилку.

Завершений аналіз PESTLE

Як зазначалося вище, при прийнятті рішення про запуск нового проекту може бути доцільним використання PESTLE-аналізу для того, щоб повністю зрозуміти всі «плюси» і «мінуси» майбутніх макроекономічних змінних. В даному випадку, відповідні змінні, обрані для цього аналізу, стосуються запуску проекту Shop and Deliver, який bpost бажає реалізувати.

Побудова сценаріїв

Після того, як невідомі змінні будуть визначені, менеджер побудує різні сценарії, щоб передбачити ймовірну еволюцію цих змінних та їх вплив на компанію. Враховуючи велику кількість змінних, зібраних для цього тематичного дослідження, ми зосередимося на побудові чотирьох сценаріїв для соціокультурних змінних.

Успіх проекту залежить як від сприйняття сервісу населенням, так і від розширення продажів через електронну комерцію. Виконання цих двох умов ґрунтується на ряді не піддаються обчисленню аспектів, тому важливо побудувати різні сценарії. На діаграмі нижче показані різні сценарії розвитку компанії на основі матеріалізації змінних.

Відтепер компанія може передбачити всі можливі варіанти розвитку подій: керівник повинен бути готовим найкращим чином відреагувати на кожен сценарій і запропонувати індивідуальні рішення у разі його виникнення.

Висновок

- На закінчення, хоча bpost залишається компанією, яка в основному належить бельгійській державі, з роками вона набуває все більшої незалежності, так що вона більше не може виживати за рахунок державної допомоги або своїх активів, що повністю заохочує її стати висококонкурентною компанією.

- Її основний бізнес страждає від поганого іміджу, а також зниження активності через багато несприятливих факторів. Компанія зацікавлена у використанні технологічної досконалості та прибутковості (17,96% нормалізованої рентабельності за показником EBIT у 2013 році) для здійснення низки стратегічних диверсифікацій, у тому числі у напрямку *Shop and Deliver,* щоб підготуватися до змін у способі життя споживачів, які все більше використовують електронну комерцію для здійснення своїх покупок.

- Діяльність «*Shop and Deliver"* забезпечить компанії додатковий дохід, що дозволить їй диверсифікувати джерела прибутку. Проектна пропозиція була схвалена керівництвом: наразі вона перебуває на стадії розробки і буде належним чином запущена в найближчі місяці. Тільки час покаже, чи буде цей проект успішним, чи прикрим провалом.

- Хоча використання PESTLE-аналізу дійсно є доречним у даному випадку, він залишається недостатнім. Насправді, цей аналіз повинен бути доповнений широким дослідженням сильних і слабких сторін компанії для визначення її основних активів у її прагненні до інтеграції в навколишнє середовище і прибутковості: загрози і можливості (SWOT-аналіз), а також відкриття ринку для конкуренції (аналіз п'яти (+1) сил Портера) повинні бути належним чином розглянуті для того, щоб уникнути упущення будь-яких аспектів і отримати найкращі можливі прогнози.

ВПЛИВ

ОБМЕЖЕННЯ ТА КРИТИКА

Незважаючи на те, що модель дуже популярна серед керівників підприємств, PESTLE-аналіз, як і будь-яка інша стратегічна модель, все ж таки має свої обмеження.

- **Відносна глобальність бачення.** Одне з головних обмежень насправді є результатом однієї з найпопулярніших переваг моделі: бажаючи охопити широкий спектр макроекономічних змінних, менеджер може швидко виявитися перевантаженим кількістю інформації, з якою він неминуче стикається. Насправді, існує величезна різниця між підкресленням важливості сортування відповідних макроекономічних змінних та практичним виконанням цього завдання. У певний момент всі змінні здаються важливими, а кількість сценаріїв, які потрібно побудувати, настільки велика, що сам Стів Джобс не зміг би зробити відповідні висновки! Для визначення ключових змінних не завжди достатньо бути компетентним. Іноді необхідно мати хорошу інтуїцію і не боятися її перевіряти: наприклад, оточити себе мультидисциплінарною командою, здатною розвивати колективний інтелект, і розраховувати на везіння. Тим не менш, на везіння можна впливати, працюючи ретельно і аналізуючи якомога ширше.

- **Недостовірність сценаріїв.** Ситуації на практиці часто відрізняються від теоретичних, і те, що прогнозується, не завжди збігається з реальністю. Під цим кутом зору інструмент видається корисним, але не володіє конкретною надійністю.

- **Брак об'єктивності.** Помічено, що багато керівників обирають три окремі сценарії для ключової змінної: оптимістичний, песимістичний та середній сценарій. Хоча така тактика створює у керівника враження, що він є максимально об'єктивним при розробці стратегії, в реальності це часто змушує його ігнорувати два інших сценарії на користь середнього сценарію. Та й який сенс у побудові кількох сценаріїв, якщо в кінцевому підсумку нас цікавить лише один з них?

- **Вплив, який неможливо оцінити кількісно.** Нарешті, слід пам'ятати, що хоча за допомогою цієї моделі можна визначити основні макроекономічні зміни, які можуть вплинути на ринок, конкретний вплив цих змінних на сектор залишається складним для оцінювання і ще складнішим для кількісної оцінки.

СПОРІДНЕНІ МОДЕЛІ ТА РОЗШИРЕННЯ

Оскільки PESTLE-аналіз стосується лише одного з трьох рівнів середовища організації, аналіз, що базується виключно на його змінних, не може вважатися релевантним для розробки стратегії компанії.

Незважаючи на те, що діагностика PESTLE здається цікавою на перший погляд (для виявлення основних тенденцій у макросередовищі), її слід доповнити іншими інструментами, які вивчають найближче оточення організації, тобто її макросередовище: галузь, прямих конкурентів тощо.

Пізніше аналіз п'яти (+1) сил Портера та SWOT-аналіз завершують роздуми над стратегією компанії.

Аналіз п'яти (+1) сил Портера

Розроблений американським професором Майклом Портером у 1979 році, аналіз п'яти (+1) сил дозволяє дослідити привабливість галузі та визначити її конкурентну поведінку. В основі моделі лежить концепція конкурентних переваг. Тому менеджер повинен спостерігати за основними конкурентними силами в галузі, щоб зрозуміти і краще оцінити силу кожного з існуючих і потенційних конкурентів.

ЩО ТАКЕ КОНКУРЕНТНА ПЕРЕВАГА?

Концепція конкурентної переваги базується на «всіх характеристиках або атрибутах, якими володіє продукт або бренд, і які надають йому певну перевагу над його безпосередніми конкурентами. Ці характеристики або атрибути можуть бути різноманітними за своєю природою і стосуватися самого продукту [...], необхідних або додаткових послуг, які супроводжують основну послугу, або умов виробництва, дистрибуції чи продажу продукту або компанії» (Lambin and de Moerloose, 2008: 250).

Ці сили представляють:

- переговорна сила постачальників

- переговорна сила клієнтів

- загроза появи нових учасників

- продукти-замінники

- міжгалузева конкуренція

- роль держави (включено пізніше).

Завдання оцінки відповідних сил лежить на менеджері: мета – визначити поточну і майбутню привабливість галузі, тобто перспективи розвитку і результативність свого бізнесу. Як правило, аналіз п'яти (+1) сил Портера завершується визначенням ключових факторів успіху, які дозволяють забезпечити оптимальний розвиток компанії.

SWOT-аналіз

Розроблений у 1960-х роках кількома професорами Гарвардської школи бізнесу, SWOT-аналіз має на меті зробити основні висновки з факторів, що представляють інтерес, пов'язаних з характеристиками компанії та її оточенням. Назва моделі походить від абревіатури, утвореної словами «сильні сторони», «слабкі сторони», «можливості» та «загрози». Таким чином, відповідальність особи, яка приймає рішення, полягає у визначенні основних сильних та слабких сторін бізнесу, а також в усвідомленні можливостей та загроз, що стоять перед галуззю.

Інтерес до SWOT-аналізу полягає більше в його висновках, ніж у перерахуванні характеристик бізнесу та галузі. Для керівника висновками будуть будь-які точки інтересу і точки до роздумів, які дозволять розробити стратегію, адаптовану до компанії, як щодо її внутрішнього, так і зовнішнього середовища.

ЗБЛИЖЕННЯ МОДЕЛЕЙ

Досвідчений менеджер швидко зрозуміє переваги взаємодоповнюючого використання цих моделей. Хоча окремо вони все ще можуть бути корисними, але саме завдяки перетину та накладанню інформації між ними можна сформулювати основні раціональні стратегічні рішення.

Аналіз середовища проходить у декілька етапів, під час яких реалізація певних моделей впливатиме на побудову наступних моделей. Хоча збір інформації може бути виснажливим, аналіз середовища має важливе значення для будь-якої компанії, яка бажає підтримувати стійку конкурентну перевагу.

РЕЗЮМЕ

- Перші сліди PESTLE-аналізу з'явилися в 1967 році в книзі «*Сканування бізнес-середовища*» професора Френсіса Агілара (Francis J. Aguilar) під назвою «PEST-аналіз». Вивчений і розвинутий багатьма авторами, він згодом перетворився на модель PESTLE, яку ми знаємо сьогодні.

- Основними завданнями PESTLE-аналізу є класифікація макроекономічних змінних за шістьма категоріями — політична, економічна, соціокультурна, технологічна, правова та екологічна — та здійснення кроку назад, який необхідний для прогнозування та забезпечення майбутнього конкретної компанії.

  - Спостереження за цими даними дозволяє зрозуміти, в якому середовищі розвивається бізнес, або буде розвиватися в майбутньому. Цей глобальний та макроекономічний погляд є дійсним для всіх компаній.

  - Основна складність моделі полягає у сортуванні релевантних змінних відповідно до бізнесу, що розглядається. Їх збір призводить до визначення ключових змінних, які, як вважається, мають вирішальний вплив на здоровий розвиток компанії, але ймовірність яких все ще залишається невизначеною.

  - Незалежно від того, чи використовується PESTLE-аналіз безпосередньо перед запуском нової компанії, запуском нового продукту або проекту, реорганізацією компанії або перед обличчям неминучих змін у навколишньому середовищі, він надає значну інформацію про ключові змінні, притаманні даній ситуації. Таким чином, використовуючи свої спостереження, керівник будує ряд сценаріїв (бажано парну кількість) на основі зібраної інформації. Мета полягає в тому, щоб краще передбачити майбутні ситуації, з якими може зіткнутися компанія, і запропонувати рішення для забезпечення стійкості та майбутнього компанії.

- PESTLE-аналіз дозволяє ініціювати проактивну дискусію щодо майбутнього компанії на основі попередньо зібраних макроекономічних змінних.

- Використання його одного є цікавим, але недостатнім. Аналіз п'яти (+1) сил Портера та SWOT-аналіз можуть виявитися корисними помічниками в аналізі бізнес-середовища (мікросередовища).

- Кейс компанії bpost демонструє важливість аналізу того, наскільки сприятливим є середовище для запуску нового проекту, коли компанія стикається з мінливим оточенням.

- Нарешті, важливо пам'ятати, що PESTLE-аналіз є цінним інструментом, хоча він і не може з упевненістю передбачити, що чекає на нас у майбутньому. Однак він дозволяє компаніям визначити основні тенденції, щоб краще підготуватися і захистити свої конкурентні переваги.

ЧИТАТИ ДАЛІ

БІБЛІОГРАФІЯ

AWT. (2013) *L'e-commerce 2013 en Wallonie*. [Онлайн]. [Доступно 11 травня 2015 року]. Доступно з Інтернет-архіву: <https://web.archive.org/web/20131202084750/http://www.awt.be/web/dem/index.aspx?page=dem,fr,b13,ent,050>.

Bpost. (2013) *Річний звіт Пошти за 2012 рік*. Брюссель: Bpost.

Curau, L. (2012) Avantages concurrentiels : les cinq forces de Porter. *Cafedelabourse.com*. [Онлайн]. [Accessed 11 May 2015]. Режим доступу: <https://www.cafedelabourse.com/dossiers/article/avantages-concurrentiels-les-5-forces-de-porter#>.

Дкоста, А. (2011) Історія та застосування PESTLE-аналізу. *Управління проектами Bright Hub*. [Онлайн]. [Accessed 11 May 2015]. Available from: <http://www.brighthubpm.com/project-planning/100279-pestle-analysis-history-and-application/>.

Duguay, B. (2014) La capacité stratégique. *UQAM*.

Джонсон, Г., Скоулз, К., Віттінгтон, Р. та Фрі, Ф. (2008) *Стратегія*. [8-е видання]. Париж: Pearson Education.

Каші, К. и Дочкалікова, І. (2014) Методи УЗРК на практиці: Визначення важливості критеріїв аналізу PESTEL. *Міжнародні дні статистики та економіки*. [Онлайн]. [Accessed 11 May 2015]. Available from: <http://msed.vse.cz/msed_2014/article/362-Dockalikova-Iveta-paper.pdf>.

Ламбен, Ж.-Ж. та де Мурлуз, К. (2008) *Маркетинг стратегічний та операційний. Du marketing à l'orientation de marché*. [7-е видання]. Париж: Dunod.

Лопес, Ф. (2011) L'analyse PESTEL. *Actinnovation*. [Онлайн]. [Accessed 11 May 2015]. Режим доступу: <http://www.actinnovation.com/innobox/outils-innovation/analyse-pestel>.

Надкарні, С. та Нараянан, В.К. (2007) Стратегічні схеми, стратегічна гнучкість та результативність фірми: стримуюча роль галузевої швидкості. *Журнал стратегічного менеджменту*. 28(3), с. 243-270.

PESTLE-аналіз. (2014) *Що таке аналіз Пестеля?* [Онлайн]. [Accessed 11 May 2015]. Available from: <http://pestleanalysis.com/>.

Портер, М. Е. (2008) П'ять конкурентних сил, що формують стратегію. *Harvard Business Review*. 86(1), pp. 25-40.

Post&Parcel. (2012) *Bpost продовжує випробування доставки додому в той же день.* [Онлайн]. [Доступно 11 травня 2015 року]. Доступно з: <http://postandparcel.info/52078/news/companies/bpost-extends-same-day-home-delivery-trials/>.

Srivastava, R. K., Fahey, L. и Christensen, H. K. (2014) Ресурсний підхід і маркетинг: Роль ринкових активів в отриманні конкурентних переваг. *Журнал менеджменту*. 27(6), pp. 777-802.

ДОДАТКОВІ ДЖЕРЕЛА

Агілар, Ф. Х. (1967) *Сканування бізнес-середовища.* Нью-Йорк: Macmillan.

сайт *bpost.* http://www.bpost.be/site/fr/postgroup/index.html

Сайт компанії *Happycapital.* http://www.happy-capital.com/

Сілва, Н. (2012) SWOT-аналіз vs PEST-аналіз та коли їх використовувати. *Creately*. [Онлайн]. [Доступно 11 травня 2015]. Режим доступу: <http://creately.com/blog/diagrams/swot-analysis-vs-pest-analysis/>.

Волш, П. Р. (2005) Подолання невизначеності змін у навколишньому середовищі шляхом додавання сценарного планування до рівняння переформулювання стратегії. Управлінські *рішення*. 43(1), с. 113-122.

Юксель, І. (2012) Розробка багатокритеріальної моделі прийняття рішень для PESTEL-аналізу. *Міжнародний журнал бізнесу і менеджменту*. 7(24).

Ми хочемо почути вас!
Залишайте коментарі в онлайн-бібліотеці
та діліться улюбленими книгами в соціальних мережах!

Майстер ISBN: 9782808601146
Паперовий ISBN: 9782808602594
Юридичний депозит: D/2022/12603/260

Цифровий дизайн: Primento,
цифровий партнер видавництва.